Amar-me
Amar-te

Una colección de poemas de amor

davina@alegriamagazine.com

ISBN: 9798986084466

Published by Alegria Publishing

El amor no tiene otro deseo que el de realizarse.

Pero, si amáis y debe la necesidad tener deseos, que vuestros deseos sean éstos:

Fundirse y ser como un arroyo que canta su melodía a la noche.

Saber del dolor de la demasiada ternura.

Ser herido por nuestro propio conocimiento del amor.

Y sangrar voluntaria y alegremente.

Despertarse al amanecer con un alado corazón y dar gracias por otro día de amor.

Descansar al mediodía y meditar el éxtasis de amar.

Volver al hogar con gratitud en el atardecer.

Y dormir con una plegaria por el amado en el corazón y una canción de alabanza en los labios.

- Khalil Gibran

Prólogo

Escribir un libro es cambiar de piel. Es comenzar un nuevo capítulo en la leyenda de nuestras vidas. Es cambiar de casa, de amor o ciudad. O aceptar que no hay que ir tan lejos para encontrar al amor o la belleza de la vida. Un nuevo libro es una versión de ti antes desconocida, pero una vez que la conoces, recuerdas que es una muy parecida a la que alguna vez olvidaste. Escribir poesía es siempre un re-encuentro con nuestra alma y con la verdadera esencia de nuestro corazón.

Nunca dejaré de ser una poeta idealista y enamorada. Vivo en amor absoluto con la vida y dudo mucho que esto cambie, ya que, a mi edad, estoy consagrada en el arte de buscar la magia del amor en todo y todxs. Se podría decir que es una parte con raíces bastante arraigadas en este corazón con tantos pisos, balcones y escaleras.

Este libro de poesía lo escribí entre California y México, y tomó forma a través de poemas escritos en mis diarios de viajera solitaria.

Viajar a solas por México por las calles mágicas de San Miguel de Allende, Valladolid, Mérida y Baja California me regalaron tantos de estos poemas, que hoy más que nunca, me bautizo una enamorada de estas tierras y de su gente.

En Getsemaní, Cartagena también me disfruté de ese sentimiento poético, que todo artista, busca a donde quiera que va, y me reconecté con los colores de la tierra que me dieron mis padres y mis abuelos. Y claro está, que, en California, casa elegida por mi destino desde hace 24 años, por más que he querido huírle más veces de las que puedo contar, la vida no me ha dejado e insiste, en que, en su mar y sus atardeceres de paz, yo me encuentre disfrutando de este lindo ciclo de mi existencia creativa.

Así es como Amar-me Amar-te nació entre el diluvio y el verano de este nuevo despertar espiritual y femenino, donde descubrí que no se puede vivir sin los que amamos, pero mucho menos sin la tarea de aprender a Amar-nos.

-Davina Ferreira
 Los Angeles, California 2023

AMAR-ME AMAR-TE

AMAR—TE

Yo quería darte mi amor
como un rayo de luz,
abrazarte en la dulzura de mi alma,
Llevarte de viaje por el cielo de mi ser.

Pero tú no estabas listo para ese viaje,
quizás ni querías viajar,
y yo queriendo
llevarte a otra dimensión,
mientras tú
estabas tan bien acá,
sin ir a ningún lado,
sin sentir más de la cuenta.

Y yo

Queriendo darte todo mi amor,
Sin tu pedírmelo,
En los besos en tu espalda
mientras
Intentabas dormir.
En el café de la mañana,

Y

En las miradas donde ambos sonreíamos,
entre paisajes que apenas
Conocíamos.

Pero tú solo estabas de paso,
sin querer detenerte en la profundidad
de este (a) mar,
solo sumergiéndote hasta la rodilla,
para no ahogarte
entre las estrellas de nuestros besos.

Y Yo quería darte mi amor,

Y tú en un día, un solo día,
Me borraste
como un incendio de verano,
para no recordar,
lo que el amor puede llegar a ser,
para olvidar lo que tu corazón
puede llegar a sentir.

- ¿Le temes al amor?

"No te preocupes. Ese es un miedo muy natural, ya que el amor implica valentía, y creo con certeza que con el tiempo podrás vencer ese miedo, y permitirte sentir todo lo que una conexión con otro ser conlleva, con toda su luz y su sombra. Un día dejarás de huir de ti mismo y dejarás que el regalo del amor invada todo tu ser hasta transformarte", le dije.

Contigo o sin ti,

Siempre me quedará la poesía.

Un día más o menos a tu lado,
no puedo contar lo que la vida nos regale.

Una noche más embriagada
en tu ser y en tu cuerpo,
aunque comprendo con certeza que eres efímero
como este aroma de verano.

¿Pero, porqué llamar al invierno antes de tiempo
y deshojarle los colores al aura cuando apenas se
desnuda?

¿Esconde la flor brillante su hermosura?

¿O acaso la lluvia niega sus destellos plateados
a los árboles mojados en la selva?

Vivir cada estación como la celebración del
instante irrepetible.

Así mismo, disfrutaré
cada momento de luz a tu lado.

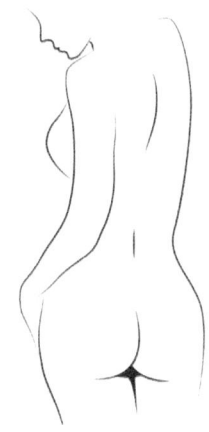

Quiero detener este momento:
Tu piel en mis labios,
Tu sonrisa en el desierto,
La luna nueva y un millón de estrellas
(Aunque solo algunas a simple vista).

Quiero guardar este recuerdo:
La brisa de verano en mi cuerpo,
Tu risa y mi éxtasis,
Nuestro primer cielo
En la casa del silencio.

¿Dónde podré guardar esta noche de estrellas y
besos?

AMA este segundo,

Porque el amor solo existe en el presente.
Fugaz, llegará la luna y contará otras historias.

Deja que te llame el amor ahora,
En este instante, donde irrepetible
Tu corazón palpita un mar de risas,
Abrázalo como a un árbol: Pasará.

Pasará ese beso intoxicante
que te hará desear que el infinito
fuera más fácil de agarrar que un grano de azúcar,

Pero saboréalo hasta que el último suspiro escape
por tu boca,
llena de miel, extasiada.

Ama este respiro,
Amante que vuela efímero,
Amor eterno,
Pasarás.

Amarte como si nunca hubiese amado
y el fuego fuese mi descubrimiento,
Un ave de luz en el desierto,
iluminando mis noches de frío.

Amarte como si nunca hubiese amado,
Pies descalzos sobre la arena de mi alma,
cabello suelto sobre el horizonte,
Labios fértiles como aquel encuentro de verano.

¿Y tú?

Ámame como si nunca hubieras amado,
Locura, en tu cuello enredada,
Pasión, en tus dedos dibujándome,
Anhelo, de todas las noches entregadas.

Ámame como si nunca hubieras amado,
Sin la espiga del dolor enredada en tu espalda,
Sin el arma en caso de emergencia,
Sin la muerte lenta de la ilusión y el paraíso.

Yo que pensé
que no volvería a sentir
Los besos que enamoran al tiempo,
La dulzura de las horas fugitivas
Y la risa cuando al pensar te veo.

Yo que pensé
que con los años
el amor era un recuerdo
de otras épocas más hábiles,
Del querer que no conoce el luto
y del ser que aún no renace
de sus muertes, ya rendido.

Pero el amor,
sorpresivo, aparece
Y me relata
Una nueva historia
con su tinta dorada:

"Al que cree conocerme,
Le mostraré una y cien veces,
su gran error frente al espejo.

Yo soy inmortal.
La gente de tanto decir amor y amar,
alguna vez se rinde y me olvida",
me dijo el amor.

Y continuó:
"Como poeta que eres,
Tú trabajo es hacer que nunca me olviden."

¿Cómo decirle no al amor?

Será un honor,
le dije.

Déjame soñar que el amor no se acaba,
Y tu sonrisa no se extingue y
aún eres la esperanza
Que llegó a mi vida,
Mi despertar ausente,
Mi cuento de hadas.

Déjame soñar que somos inmortales,
Y la enfermedad no nos apaga,
Y la desgracia no nos toca,
Y la injusticia no tiene voz ni mando,
Y todavía llegas por nuestra puerta
bañado en Alegría.

Déjame soñar que eres,
que somos felices,
Y que el mar tranquilo
Nos espera.

Y el destino vuelve y juega,
Y te levanta,
Y hay luz en la azotea.

Y descansas
bajo un día de sol
Y arena blanca.

Y eres libre,
Y ligero,
Y tranquilo,
Como el agua.

Te pierdes en un nuevo bosque,
Un sol sobre la montaña rosado
te da la bienvenida y te dejas llevar
por la frescura de los pinos,
donde una casa de madera,
Te espera con un té de limón.

Amaneces frente a una chimenea
dentro de una cama blanca,
Entre edredones de algodón y lana
entre la neblina de la montaña...

Y sientes que la vida es posible
en muchas partes,
Y en cada lugar
una nueva versión de ti
Emerge.

Y te imaginas
Amada y Amando
en casas de colores
aún desconocidas.

Si tú eres un llamado,
a que mi ser despierte
luego del letargo:

Saludo tu música.

Si tu voz es el fuego,
y yo la brisa que la mueve,
y pasa sin prisa
de vuelta a su destino:

Bienvenida tu luz.

Si tus besos son el latir
que me recordará
que en vida
no se muere,
a no ser por
voluntad propia:

He aquí mis labios.

Y si en mi placer
vivo lo verdadero,
lo que una vez
pensamos
era territorio
del dolor,
y
mártires ya no somos:

He aquí mi esperanza.

Me quedé con ganas de ti.

A Mar Adentro
Antes que nada.

Salta sobre las olas.

Deja que el peso del agua
te abrace,

Así te falte el aire
Momentáneamente.

Luego a la luz del sol
valdrá la pena,

A Mar Adentro
Sobre la arena.

El verdadero querer
no vive
en la superficie,

Y mucho menos el
Amarte.

Amarte a fondo,
        es
Miedo y encanto,

¿Te enamorarás de mi profundidad
O el miedo te traerá de nuevo
A la misma orilla?

(Inspirado en el poema de Pablo Neruda: Puedo
Escribir los Versos Más Tristes Esta Noche)

No puedo escribir
los versos más hermosos
esta noche:
Él ya no es el mismo
y yo no lo he olvidado.

No puedo escribir
Los versos más hermosos
esta noche:
Lo amo, pero me aleja,
Lo extraño, pero me hiere,
Sin querer,
Pero me hiere.

Decir que ya no eres,
No somos los mismos,
Fantasías de días idílicos
más largos.
Ahora en la sombra
de tu padecer
me siento y
A veces, escapo.

No puedo escribir los versos más lindos esta
noche:
Ya no somos los mismos,
Y la soledad me ha tomado de su mano,

y la quiero
Y a ti te extraño.
Pero mi soledad y yo
cada vez somos más
cercanas,
y tú,
Mi amor,
Un recuerdo que amo.

Quien nos rompe el corazón
Nos mata momentáneamente,

Pero al mismo tiempo,
Nos abre y nos devuelve
a nosotros mismos.

Gracias a este dolor podemos renacer.

¿Este amor fue producto de mi imaginación y sabes?

Está bien.

(Es increíble saber que puedo crear historias tan bonitas).

Nunca fuimos
Noche de estrellas,
Ni sol de verano,
Ni magia al atardecer,
Ni mañanas mágicas.

Esos momentos me los inventé
Yo, que escribo
Historias de Amor.

¿Y sabes qué?,
Qué bonito es saber
Que aquellos momentos
Y aquellos sentimientos
Son un reflejo
De la belleza de mi propia alma.

Ya sé lo que viniste a mostrarme:

Se vale ser libre y sin apegos,

Se vale enamorarse un día
Y desaparecer al otro
De nuevo,

Se puede escoger lo pasajero
Y no extrañar a nadie,
Y ser alguien
Un minuto y luego permutarse,

Ser amante y luego nada,

Ser placer y luego ausencia,

Ser el vino en los labios
entre sábanas sonriendo,

Y a la mañana siguiente,
Un mensaje dejado en visto
como si no nos conociéramos.

Se puede ser mañana romántica
Y tarde de adiós;

Y también se puede ser
romance de café en la mañana

música en la tarde y

Al anochecer, despedida súbita.

Se puede ser caricia frente al fuego
y luego rechazo fortuito,
Y por supuesto que se puede ser
Amor de verano en el desierto,
y ni amigos al comienzo del otoño.

Porque ya sé lo que viniste a mostrarme:

A dejarme escrito en la piel
con tus besos de nadie:

Hay amores tan cortos
que ni merecen su nombre,
que dejan huellas de silencio,
Y un camino de poemas a su paso.

Y es que, en el amor,
Aquel que es más libre
Al fin de cuentas siempre gana,

Y es que dicen
                que quizás
del mal amor

  Alguna vez fuiste prisionero.

Y desde aquel entonces,
no te quedaron ganas

de volver a enamorarte.

Me duele el recuerdo de tu amor,
Antes de partir, aunque me digas
que sigues aquí.

Escucho tu voz a la distancia,
El eco de lo que alguna vez fuimos.

Y me duele
El recuerdo de tu amor,
caminando en la promesa
de ese siempre
que nunca recorrimos.

La calle demasiado empinada
antes de subir por los escalones
del tiempo,

Tú y yo,
que nos creíamos eternos,
plácida esperanza
del amor,
que al fin llegaba sin escudo y sin llaga,
pero que poco sabíamos
en aquel entonces,
del dolor,

Y a pesar del tiempo,
Me sigue doliendo
El recuerdo de tu amor.

Soñaba con una vida contigo.
Conocer tu ciudad y hacerla mía,
Hacer el amor como no pudimos hace muchos
años.

Levantarnos despeinados y contentos,
Beber del amor el café de la mañana,
Besar cada tarde tus labios en mi almohada,
Deshacerme en ti y conocerte,
cada rincón oscuro y placentero,
Cada luz escondida en el dolor de tus silencios,
extrañamente lejanos y familiares al mismo
tiempo.

Anhelaba dejarlo todo por ti y empacar una
maleta.
Crear el amor en un solo capítulo absoluto:
Esperé demasiado de ti.
Te creí esperanza
De mis vacíos huérfanos,
Te soñé aquellas noches
Como ese triste encuentro
De verano,
Como un poema
Jamás escrito.

AMAR-ME

La paz es el comienzo del amor,
Abrir el corazón es ganar la batalla,
Tocar la tierra húmeda bajo mis pies,
Sentir la vida en la palma de mi mano
por primera vez.

La paz es el comienzo del amor,
Deshojarse en la voluntad de lo que es
Morir frente a la rebeldía del ego
Que todo lo mata,
La flor y el éxtasis,
La fe de una luna callada.

Y es que, sin duda,
La paz es el comienzo del amor.

El que destruye a otro
O al árbol,
Es el gran enemigo
De la vida y la sabia cosecha.

Así que prefiero extender mis manos,
Volar liviana con mis penas
Y también con la humilde alegría
De saberme nadie.

Si no me veo en el otro,
que es flor, amor y vida.

Aquí donde estoy
Lo tengo todo.
Nada me falta.

El sol me sonríe
Y un ave blanca
Paró a saludarme.

Yo pidiendo paraíso,

y aquí lo tengo.

La paz es vivirte cada momento,
Encontrarte con tu corazón
Cada mañana y decirle:
"Aquí estoy,

¿A dónde me llevas hoy?"

- ¿Cómo puedes ser feliz a pesar de tanta
tragedia?, me preguntó
mientras se miraba en el espejo.

- Es simple, la desgracia le tiene miedo a un
corazón que ama la

vida profundamente, le dije.

No permanezcas en el mismo lugar todo el tiempo,
Ni con el mismo modo de pensar,
Ni soñar,
Muévete,
Conoce,
Piénsalo de nuevo,
Y crea algo más.

No te detengas
En un solo lugar,
En una sola manera de ver la vida,
Porque esta es tan grandiosa,
Que si te estancas en una sola manera de vivir,
Te estarás perdiendo la oportunidad de descubrir,
Una nueva mirada,
Una calle desconocida,
Un nuevo beso,
Un amor sorpresivo,
Un abrazo impredecible,
El color de una nueva flor
Y el ala roja de un pájaro.

Cuando te sientas perdida y no sepas cuál es tu
camino
O qué paso seguir

Muévete.

Sube una montaña
O métete al mar,
O cierra los ojos y viaja a

tu interior donde toda inmensidad es posible.

Deja lo cotidiano,
Lo que te adormece,
Lo que marca la misma manecilla del reloj y el café
a la misma hora.

Si algún día despiertas y ya no sientes alegría al
sentir un nuevo día,

Agarra una maleta y
Viaja, así sea a otra esquina que antes no ibas,

Devuélvete tu tiempo.

Las mujeres necesitamos viajar solas o con almas
afines.

Las mujeres necesitamos
escucharnos a nosotras mismas,
Descubrir nuestra
verdad.

Si lo haces, ven y cuéntame,
¿Qué encontraste?
¿Qué viviste a tu regreso?

Si la felicidad
Llega de sorpresa
Y te invita a bailar
en un verano cualquiera,
No lo pienses dos veces,

Acompáñala.

La felicidad es una nómada
Enamorada,
Y pronto partirá a otros corazones,

Y quizás ya no la atrapes
de nuevo.

En su rápido caminar,
En su silencio caprichoso,
En su dulzura oculta
Y su placer esquivo.

Si la felicidad
Llega de sorpresa,
Y te invita a tomar el sol
en medio del día,
Y te ofrece un beso
tan profundo
Como su libertad,
Deja todo
lo que estás haciendo

Y síguela.

Amo esta libertad de ser
Verano de pies descalzos,
Primavera de besos prohibidos,
Alas arcoíris aterrizando
en aquel bosque sagrado
de mis momentos más felices.

Pero una vez llegue
al paraíso,

¿Te extrañaré?

Mi soledad y los cantos
de los pájaros amables
que vienen a saludarme,

Me recuerdan a esas mañanas
Donde sin ti caminé por la vida
Y me resigné al café para uno
Y a los rituales del ser.

Tras tu partida,
No me quedó de otra.

Abracé el silencio
Como un ave al viento de verano,

Caminé nuevos rincones,
Descubrí en cada atardecer
Una nueva canción de amor
Y me dije:

*"Si tengo un pedacito de
Este amor de vida
Llamado naturaleza,
Esta tristeza será más llevadera."*

Me celebro como el sol al río.

Que me digan loca

(no será la primera y tampoco la última vez).

Que se rían de mí
Por gozarme la vida
Que no tiene edad,

por no cumplir
todos los requisitos
que supuestamente debe cumplir
una mujer,

Que hablen de mí,
y ojalá mucho,
mientras yo canto
al aire libre,
mientras yo
Siento la lluvia
Y el regalo de mi vida.

Que hablen de mí,
Porque siento
Más de la cuenta,
porque miro lo que los
Demás no ven,
Porque me conmuevo
con el dolor del otro
y hasta puedo llorar
en sus brazos.

Qué hablen de mí,
Los que se olvidaron
de sentir,
para que mi Alegría
no muera bajo una flor seca,
en un parque muerto
donde nadie se volvió a
sentar a leer un libro

O a escribir poesía

O a observar a un anciano,

Un árbol
O
Un ave,

Y la linda sonrisa del sol
al acostarse cada tarde sobre mis piernas.

Qué me digan loca,
loca de las buenas,
de esas que se enamoran
en cada esquina,
y hacen el amor
en cada acto,
y viaja sola
Y le encuentra el cuento
a la vida
Tanto en la dicha
Como en la desdicha.

What would you do if you were free...
Truly free?

¿Qué harías si fueras libre?
¡Verdaderamente libre!

Viajaría liviana
como mi alma,
cortaría lazos
añejos y enredados,
y cargas ancestrales.

Recorrería ciudades
donde la vida es fresca
Y menos fabricada,
me sentaría con las personas
de un pueblo olvidado
a tomar un café a las 5 de la tarde.

Escribiría poesía a la luz de una vela,
y me tomaría un té
mirando la gente pasar

por mi lindo balcón lleno de flores.

Si fuera libre,
verdaderamente libre,
recibiría a mi amante
en mi puerta, sin tiempo
nos perderíamos

entre besos y risas,
y antes de partir
le agradecería
su visita,
para que regrese pronto
sin sentir que tiene que volver.

Si fuera libre,
Verdaderamente libre,
me amaría a toda hora,
me vestiría del color de mis deseos,
tomaría el tren sin rumbo fijo,
escucharía las historias de extraños
y amigos nuevos por el mundo.

Tomaría fotografías que me recuerden que la vida
a pesar de su dolor
 está llena de belleza *y que Dios se esconde en
todas partes.*

Si verdaderamente fuera libre,
no explicaría a nadie porque soy como soy,
simplemente sería
cada día
un nuevo color
de mar y Luna.

Y quizás el rojo de un deseo que renace
O la paz de un blanco sin sangre.

Si verdaderamente fuera libre,
Volvería a ti
A mí,
a querernos tal y como
somos,
sin obligación,

Solo amor.

Cuando toda Mujer
pueda vivir sus sueños,
Sea madre
O
Diosa de sus dones,

Emperatriz
De su propio imperio,

Musa de sí misma
Y
Hada iluminada,

Sólo ese día,
Seremos verdaderamente libres.

Mi corazón me habló bajo el murmullo de sus mil
silencios:

- A mí, llévame donde nos podamos reír, a algún
lugar donde podamos ser, mar de luz o luz de
mar. Hoy, es nuestro momento de ser felices.

Lo que tu amor no pudo darme,
Lo descubrí en la naturaleza.

Lo que tu ausencia dejó en invierno,
lo llené con atardeceres de
Viento y duelo,

Y me encontré a mí misma,
Entre mi soledad y la montaña.

Lo que tu amor no supo darme,
Lo llené de tierra y fuego,

Agua y luz,
Mi nueva Esperanza.

Amorosamente
Escojo
Todo lo que le hace bien
A mi mente,
A mi cuerpo,
A mi alma
Y
A mi corazón.

Decidir.

Me escojo desde el amor
Y no desde el dolor.

Me escojo en esplendor
Y en poesía.

Decidir.

¿Decidir con consciencia o dejar
Que mi cuerpo decida?

¿Sentir el péndulo del fuego y dejarme llevar?

¿O debo apagar la luz
Completamente
A mis deseos?

¿Cerrarles la puerta?

Decidir.

En Amor,
Solo en
AMOR.

Ella es un Corazón roto
Queriendo volar
Antes de tiempo.

Si el mundo no me escoge,
Me escogeré a mí misma,
Cuantas veces sea necesario.

Un amor que nos expande,
No un amor de 4 ventanas y 1 puerta cerrada.

Un amor que me recuerde
Porqué sonríe mi alma,
(Aunque yo sepa recordármelo).

Un amor que no me abra las heridas,
Que ahora en sus cicatrices llevan flores.

Un amor de ventanas y puertas abiertas,
Por donde entre el aire
Y con vista al mejor paisaje.

Ella aprendió a amar su tiempo a solas,
Cuando descubrió que su propia compañía
Albergaba tesoros escondidos
(antes reservados para otros),
que ahora ella quiere regalarse a sí misma.

Ella sabía que el

AMOR

(no importa qué tan hermoso)

Siempre duele

Al final.

Ella comprendió que
Las jaulas de oro no fueron diseñadas para ella
(no importa que tan brillantes sean),

Ella prefiere bailar en una montaña
O cerca el océano,

Donde sea
Que pueda sentirse libre,

Verdaderamente libre.

Ella lo tiene todo dentro de sí misma,
Lluvia tecnicolor,
Mariposas Amarillas,
Y hojas de otoño doradas.

Y ella sabe
Que cuando lleguen los huracanes
(los que también viven dentro de ella),
Ella podrá lanzarles
su luz dorada desde su propio sol,

Y sentirse bien,
Con todos los fenómenos
Que la habitan.

Ella es como una flor vibrante
Que crece en el desierto,

Inexplicablemente brillante,

Siempre viva,

Bailando con la adversidad,
Tan naturalmente
Como respira

- Los momentos difíciles.

Ella sabe
Que mientras
Permanezca presente
(como la naturaleza),

Todo fluirá
A su favor,

El cual es ahora
EL ESTAR,

Siempre
AQUÍ,

Con su corazón abierto,
Versos fluyendo
En su verdadera esencia.

Ella pensaba
Que necesitaba
Un lugar,
Una casa,
Para sentirse segura,
Para sentirse amada.

Hasta que descubrió
Que puede ser feliz
En muchos lugares,
Descubriendo la belleza
Del mundo
En muchas esquinas
Escondidas,
Llenas de magia.

Mi alma ama perderse en calles hermosas.
No intentes
Encerrarla,
Someterla
O
Callarla.

Ella encontrará una manera
De salir a bailar en la lluvia
Y sonreír al aire libre.

Amar

Vivir

Y

Soñar.

(Repetir cuantas veces sean necesarias).

Porque el amor no tiene nombre
Ni calle segura...

Porque cuando el alma acepta su llamado,
Aprende a ser sí misma
En cualquier esquina.

Si caminamos con el amor,
No solo en esos días
Donde el amor se viste de gala o
Cuando se alista para un coctel,

Pero también cuando prefiere
Estar dormido o llorando
Bajo la lluvia con su camisa vieja,

Y aceptamos sus resabios,
Y lo dejamos que en su propia compañía
Encuentre su respuesta
Qué peso le quitaríamos de encima.

Entonces quizás, solo quizás

El amor tendría la oportunidad
De ser más humano.

No viajamos para escapar,
Partimos para encontrarnos
Y
Para experimentar
Todos los colores y sabores
De esta obra de arte llamada: VIDA.

Quiero viajar con una maleta liviana,
Emprender un camino simple,
Caminar calles desconocidas,
Mojarme los pies con otros mares,
Mirar rostros desconocidos y saber
Que son parte de mí y yo de ellos.

Amarlos con solo una mirada
Y ofrecerles un poema,
Un cuaderno y un lápiz
Para que escriban su verdad,
Y no tengan que ir tan lejos
Como yo
Para encontrarla.

*

*

- ¿Qué si vale la pena enamorarse?

Mil veces dile SÍ al amor que pareció
amor y luego no fue tanto amor,
pero amor, al fin de cuentas.

*

Aprende a encontrar el amor en tus manos,
En los pies que te sostienen,
En el corazón que te acompaña,
Y en tus ojos que todo lo iluminan.

Aprende a amarte ante cualquier espejo,
Y en la hora de la alegría y el llanto;

Pero aprende, ante todo,
Que el amor no es otro
Que aquel que nosotros albergamos
Y apenas conocemos.

Aprende a amarte
Antes de buscar auxilio
En otra alma que, sin amarse,
Permanece como tú:
Incompleta.

Si te doy la bienvenida de nuevo,
Serás día de sol
O
¿Noche de Lluvia?

(Las dos son experiencias hermosas).

¿Qué si amo la vida?

Pregúntale al sol
Que conoce mi alma sonriente
Más que nadie.

¿Qué si me gozo la vida?

Pregúntale a la luna
Que bastante mi cómplice
Ha sido.

He vuelto a ti,
Alma Gitana,
Viaja,
Viaja
Pero nunca olvides
¡Quién eres!

Amada,
Despierta.

Es hora de abrir tus ojos bajo el agua
Y descubrir la profundidad de tu alma.

Tus labios no son rojos,
Son fuego mojado
Y
Tu piel no es de seda,
Es tierra fértil,

Las raíces que se aman
Entre abrazos infinitos.

Amada,
La primera vez que te vi
Te encontré en mi soledad,
Tú y yo frente al espejo,
Tanto por contarnos,
Luego de tantos años
Encadenadas.

Pero ahora somos libres

Panteras y Pájaros,
El ave Fénix desde
La montaña más alta.

Somos una tierra sagrada
De oro y miel,
Lápiz Lazulí y Hierba Buena.

Somos un imperio indestructible

De musas abrazadas y despiertas.

Viajar y ser:
Un beso en una calle llena de flores,
Un baile en la azotea,
Un atardecer en la muralla,
La sonrisa de un extraño,
Un arcoíris en el mar en
Medio de la lluvia.
Una amiga a carcajadas,
Una noche de música sin rumbo,
Y un recuerdo de arena
Entre unos brazos.

Un día te encuentras
viendo un amanecer sobre una laguna sagrada,
Y te preguntas:
¿Podrá ser este instante de paz mi única verdad?

Nada te falta,
Todo te abriga,
Y la incertidumbre se apaga.

¿Habrá algo más hermoso que el canto de los
pájaros mientras miro al sol de la mañana?

¿O Algo más precioso que este abrazo del agua?

Allí donde pones tu corazón
encontrarás tu destino.

Nadie nos rompe el corazón,
Elegimos desde el primer día a ese ser con
su potencial de infinitas lecciones.

Sería mejor pensar en abordar dicha realidad con
la siguiente pregunta:

*¿Cómo me sigo amando y perdonando a mí
misma, luego de escoger esta realidad y a este ser
para romperme el corazón a mí misma a través de
mi propia elección?*

¿La respuesta?

Ámate y Perdónate cuantas veces sean necesarias a pesar de tus elecciones del pasado. Vuelve a elegir-te en el bienestar, en la dulzura del amor propio y consciente, y sigue adelante.

Cuando al fin despertamos:

Todo y TodXs se convierten en nuestros seres amadxs.

Muévete al ritmo del amor,
Baila con él,
Que él siempre sabe más que tú.

Si por el momento,
El corazón ya no te duele,
Y la angustia finalmente
Se embarcó en otros mares.

Si el miedo se cansó
De tu espíritu aventurero,
Y la tristeza decidió vivir
En otro puerto *(temporalmente)*.

Celebra con mar y mezcal,
Besos bajo las estrellas,
Baile sobre la mesa,
Y carcajadas imparables

Déjate llevar
por la sonrisa de la vida.

En cada esquina
Un canto.

Y al caminar,
Encontrarás una nueva manera
De vivir tu vida.

(Recuerda que esta vida solo es tuya).

Y el tiempo vuela.

No me llevo nada tuyo en mi maleta,

Pero me llevo:

El agua de una laguna de siete colores,
y el verde de esta selva milenaria.

Me llevo unos ojos verdes a la luz de la luna,
Y una linda sorpresa entre sus brazos.

Me llevo risas a toneladas,
Y mi libertad bañada en rosas secas y tabaco.

Me llevo una casa rosada y una hamaca blanca
Con la brisa acariciando mi rostro.

Me llevo los colores de estos muros y
Estas calles empedradas.

También me llevo la ilusión de tu amor extraviado
y absurdo,
 Una despedida triste,
Y unas cuantas lágrimas.

Me llevo la sabiduría de lo simple y la calidez de
tantos extraños,
Y el recuerdo de dos amigas sonriendo
En un eterno verano.

Me llevo al que me sonrió a lo lejos
Y luego desapareció entre otros brazos,
Y a la luna asomándose sobre el fuego,
Conversándome.

Me regalo todos los paisajes,
Todos los atardeceres escondidos
Entre horizontes lejanos,
Y un amanecer poético remando.

Me regalo cada uno de estos momentos mágicos,
Y un ave libre sobre mi frente volando.

Me uno a la isla de los pájaros
Y a su casa del encanto.

Me uno a la amistad sorpresiva y sanadora,
Y me abro al renacer de cada respuesta
En mi cuerpo esperando.

Me entrego al bien mayor
Sin sacrificar el mío.

Y a todos los que
Me han acompañado
En mi camino.

Pero ante todo,
Hoy ofrendo AMOR
A Dios,
A su creación,
Y como parte de ella,
A mí misma.

Mientras me confieso:

Ahora conoces
Una nueva forma de ser y de vivir,
Alma viajera.

Notas de una viajera solitaria
(para recordármelas cuando sean necesarias)

1. Eres feliz en tus aventuras mágicas.
2. Te sientes libre, suave y ligera.
3. Sabes cuidarte y darte lo que necesitas
A cada momento.
4. Si te equivocas, sabes perdonarte.
5. Estás presente.
6. Amas cada minuto de tu existencia.
7. Puedes estar sola, sin miedo (y si aparece,
Sabes manejarlo y dejarlo fluir).
8. Eres feliz sin pretensiones.
9. Sin seguir fórmulas tradicionales.
10. Y poco a poco te vas dando cuenta
Que el ser una viajera, no solo
Puede ser una opción de vida,

sino una realidad, (si así lo escoges).

Ahora es tu turno de inspirarte y escribir.
He creado este espacio para que abraces a tu
poeta interior.

AMAR-ME

(7 páginas de frases para inspirarte a escribir y a
amar-te)

¿Qué puedes empezar a hacer HOY para amar-te
un poco más?

_____

_____

_____

_____

_____

_____

_____

_____

_____

_____

_____

_____

_____

_____

_____

_____

_____

_____

¿Puedes aceptarte con tu luz y con tu sombra?
Escríbele una carta a tu luz y a tu sombra.

_____

_____

_____

_____

_____

_____

_____

_____

_____

_____

_____

_____

_____

_____

_____

_____

_____

_____

_____

_____

Busca un lugar al aire libre, cierra tus ojos, siente los latidos de tu corazón y respira profundo, Escríbele un poema o una carta a la vida dándole las gracias por permitirte SER esta versión presente de tu SER!

_____

_____

_____

_____

_____

_____

_____

_____

_____

_____

_____

_____

_____

_____

_____

_____

_____

_____

¿Aún necesitas perdonar a alguien o a ti misma/x ?
Es hora de escribir y liberarte.

_____

_____

_____

_____

_____

_____

_____

_____

_____

_____

_____

_____

_____

_____

_____

_____

_____

_____

_____

_____

_____

Escribe tus propias afirmaciones de amor propio creadas por ti y para ti. Pégalas en un lugar donde puedas recordarte a diario que mereces Amar-Te.

_____

_____

_____

_____

_____

_____

_____

_____

_____

_____

_____

_____

_____

_____

_____

_____

_____

_____

_____

Mi cuerpo es....

Mi corazón al fin se siente...

_____

_____

_____

_____

_____

_____

_____

_____

_____

_____

_____

_____

_____

_____

_____

_____

_____

_____

_____

_____

AMAR-TE
(7 páginas de frases para inspirarte a celebrar el amor en todas sus expresiones)

Amar-te me ha enseñado que…

_____

_____

_____

_____

_____

_____

_____

_____

_____

_____

_____

_____

_____

_____

_____

_____

_____

_____

Cada momento a tu lado se hace sentir...

_____

_____

_____

_____

_____

_____

_____

_____

_____

_____

_____

_____

_____

_____

_____

_____

_____

_____

_____

_____

_____

_____

_____

_____

Se que debo ser feliz sin ti, pero...

_____

_____

_____

_____

_____

_____

_____

_____

_____

_____

_____

_____

_____

_____

_____

_____

_____

_____

_____

_____

_____

_____

_____

Te extraño y que?

_____

_____

_____

_____

_____

_____

_____

_____

_____

_____

_____

_____

_____

_____

_____

_____

_____

_____

_____

_____

Aún piensas en...

_____

_____

_____

_____

_____

_____

_____

_____

_____

_____

_____

_____

_____

_____

_____

_____

_____

_____

_____

_____

_____

_____

Amarte fue un regalo inesperado...

_____

_____

_____

_____

_____

_____

_____

_____

_____

_____

_____

_____

_____

_____

_____

_____

_____

_____

_____

_____

_____

_____

Qué lindo es despertar y encontrar el amor...

_____

_____

_____

_____

_____

_____

_____

_____

_____

_____

_____

_____

_____

_____

_____

_____

_____

_____

_____

_____

_____

AGRADECIMIENTOS

Le agradezco a ese ser superior, a esa energía divina, que me ha regalado esta nueva oportunidad de expresarme a través de este arte llamado: poesía.

Mil gracias a todas aquellas personas que de alguna manera han sido parte de mis aventuras y viajes solitarios por tantos lugares mágicos en México, Colombia y California durante este proceso de escritura.

Gratitud infinita a toda mi comunidad de Alegría Publishing y a cada artista y poeta que continúa confiando en mí dentro de su proceso creativo. Ustedes son mis maestrxs.

También deseo agradecerle a Camila Villota por sus ilustraciones maravillosas en la portada, a Diane Castañeda por la curaduría y diseño interior de mi libro y a Paloma Alcantar por la edición y lectura preliminar de mi libro.

Gracias a la vida y al amor que me han dado tanto.

Y, sobre todo, gracias a ti que me lees y escuchas.

SOBRE LA AUTORA

Davina Ferreira es una emprendedora cultural y una poeta bilingüe de origen Colombo Americano.

Ferreira es la creadora de ALEGRÍA Media & Publishing, una compañía multimedia que destaca al talento Latine/x a través de su librería móvil, editorial independiente y su revista con más de 10 años de historia.

Ferreira nació en Miami, Florida, pero creció en Medellín, Colombia.

En 1997, emigró a Los Estados Unidos, donde recibió su licenciatura en Arte Dramático de la Universidad de California, Irvine para luego incursionar en el teatro bilingüe en La ciudad de Los Angeles.

Años después, continuó sus estudios en la Real Academia de Artes Escénicas (RADA) en Londres y se unió a la Universidad de California, Los Angeles para culminar sus estudios de periodismo en Español.

Su trayectoria como poeta y autora independiente incluye los libros:

Take Me with You, una colección de cuentos y poemas en formato bilingüe.

Finding my Alegría, una micro autobiografía para adolescentes para crear consciencia sobre las enfermedades de salud mental.

If Love Had a Name, una colección de poemas en Inglés. Ganadora de la medalla de oro en el Latino International Book Festival.

Stories of Happy Lovers & Unhappy Wives, Una colección de relatos cortos enfocados en el feminismo y el erotismo.

Libre, Una Colección de Pensamientos Poéticos Feministas en Español.

En 2020, La revista de Oprah, Oprah Daily destacó la labor de Ferreira en el mundo de la literatura Latine/x en USA para apoyar a autores emergentes y promover la literatura Latinoamericana en escuelas de bajos recursos en el condado de Los Angeles.

Actualmente, Ferreira reside en Pacific Palisades con su pareja y su chihuahua de 12 años, Emilio.

www.davinaferreira.com
Instagram: @davifalegria

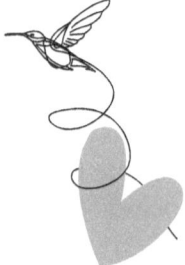